¿De dónde viene?

Del metal a la bicicleta

por Avery Toolen

Bullfrog
en español

Ideas para padres y maestros

Bullfrog Books permite a los niños practicar la lectura de textos informativos desde el nivel principiante. Las repeticiones, palabras conocidas y descripciones en las imágenes ayudan a los lectores principiantes.

Antes de leer
- Hablen acerca de las fotografías. ¿Qué representan para ellos?
- Consulten juntos el glosario de las fotografías. Lean las palabras y hablen de ellas.

Durante la lectura
- Hojeen el libro y observen las fotografías. Deje que el niño haga preguntas. Muestre las descripciones en las imágenes.
- Léale el libro al niño o deje que él o ella lo lea independientemente.

Después de leer
- Anime al niño para que piense más. Pregúntele: ¿Te gusta andar en bicicleta? ¿Te has preguntado alguna vez de dónde vienen las bicicletas?

Bullfrog Books are published by Jump!
5357 Penn Avenue South
Minneapolis, MN 55419
www.jumplibrary.com

Library of Congress Cataloging-in-Publication Data

Names: Toolen, Avery, author.
Title: Del metal a la bicicleta / por Avery Toolen.
Other titles: From metal to bicycle. Spanish
Description: Minneapolis: Jump!, Inc., [2022]
Series: ¿De dónde viene?
Translation of: From metal to bicycle.
Audience: Ages 5–8 | Audience: Grades K–1
Identifiers: LCCN 2021004095 (print)
LCCN 2021004096 (ebook)
ISBN 9781636901688 (hardcover)
ISBN 9781636901695 (paperback)
ISBN 9781636901701 (ebook)
Subjects: LCSH: Bicycles—Juvenile literature.
Metal-work—Juvenile literature.
Classification: LCC TL412 .T6618 2022 (print)
LCC TL412 (ebook) | DDC 629.227/2—dc23

Editor: Eliza Leahy
Designer: Michelle Sonnek
Translator: Annette Granat

Photo Credits: Shutterstock, cover; stockphotograf/Shutterstock, 1, 12–13, 22br; adventtr/iStock, 3; Sergey Novikov/Shutterstock, 4, 20–21, 22bl; kaband/Shutterstock, 5, 23bl; OVHNHR/Shutterstock, 6–7, 22tl, 23tm; INDONESIAPIX/Shutterstock, 8–9, 10, 22tr, 23tl, 23tr, 23bm, 23br; Eshma/Shutterstock, 11; Nomad_Soul/Shutterstock, 14; Lim Yong Hian/Shutterstock, 15; ZUMA Press, Inc./Alamy, 16–17; photo-denver/Shutterstock, 18–19, 22bm; Natykach Nataliia/Shutterstock, 24.

Printed in the United States of America at Corporate Graphics in North Mankato, Minnesota.

Del metal

¡Beatriz anda en una bici!

¿De dónde viene la bicicleta?

¡Del hierro!
Este es un tipo de metal.
Se mina.

mina de hierro

hierro

El hierro va
a una fábrica.

Se calienta.

Luego se enfría.

¡Ahora es acero!

Se corta en tubos.

tubos de acero

9

Un trabajador
los solda.

Él usa un soplete.

soplete

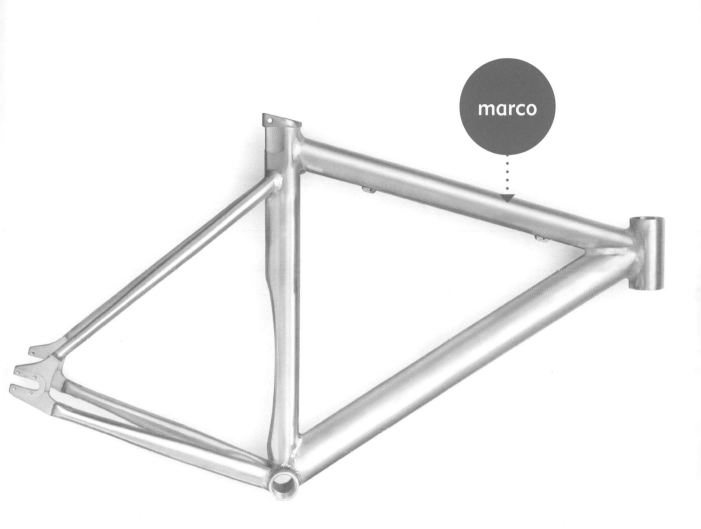

marco

¡Hace un marco!

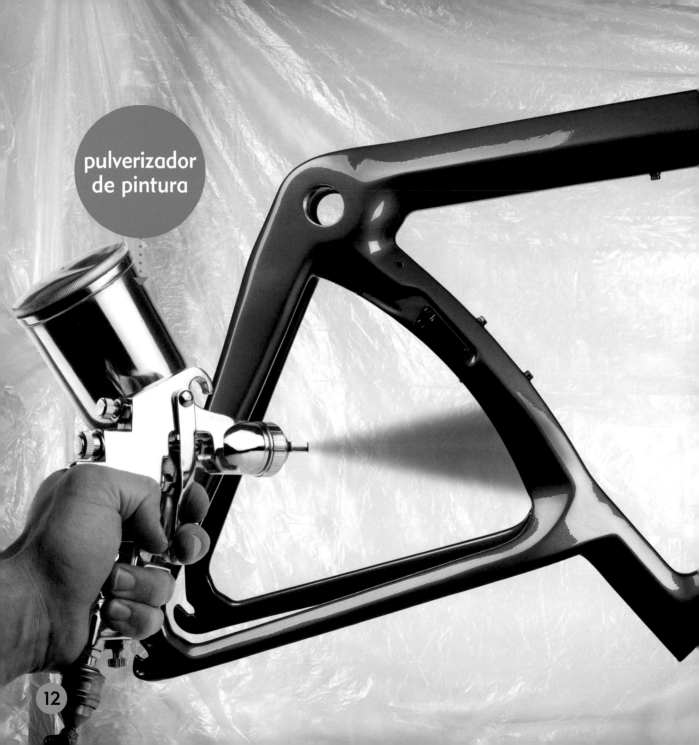

pulverizador
de pintura

12

Luego lo pinta.

Él usa un pulverizador de pintura.

¡Qué genial!

Una herramienta ayuda a construir las ruedas.

herramienta ····▶

llanta

rueda

Las llantas van en las ruedas.

Las ruedas
se colocan
en el marco.

Los pedales
también.

¡Y la cadena
también!

manublios

Los manublios también van sobre él.

¡Y no olvides el asiento!

¡Nosotros andamos en bicis!

¡Es divertido!

De la minería a andar en bici

¿Cómo se convierte el metal en bicicletas en las que podemos andar? ¡Echa un vistazo!

1. El hierro se mina. Se envía a las fábricas y se convierte en acero.

2. Se corta el acero en tubos.

5. ¡Nosotros andamos en bicis!

3. Los tubos de acero se soldan para hacer marcos de bicis. Se pintan los marcos.

4. Las ruedas, los manublios, los pedales y otras cosas se añaden a los marcos.

Glosario de fotografías

acero
Un metal duro
y resistente hecho
de hierro.

hierro
Un metal duro
y resistente.

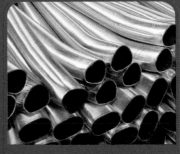

metal
Un material sólido,
como el hierro o el
acero, generalmente
duro y brillante.

se mina
Se encuentra y se
saca de la tierra.

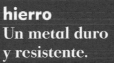

solda
Une dos piezas de
metal al calentarlas
hasta que se
derritan juntas.

soplete
Una herramienta
que produce una
llama caliente.

Índice

Para aprender más

Aprender más es tan fácil como contar de 1 a 3.

❶ Visita www.factsurfer.com

❷ Escribe "delmetalalabicicleta" en la caja de búsqueda.

❸ Elige tu libro para ver una lista de sitios web.

FACT SURFER